आत्मिका

जीवन-दृष्टि और चिन्तन की
परिचायक कविताएँ

आत्मिका

महादेवी वर्मा

राजपाल

स्थापित 1912
100 वर्षों की
श्रेष्ठ प्रकाशन परम्परा
राजपाल

₹ 215
ISBN : 9788170284963

AATMIKA (Poetry) by Mahadevi Verma
मुद्रक : जी.एस. ऑफसेट, दिल्ली

राजपाल एण्ड सन्ज़
1590, मदरसा रोड, कश्मीरी गेट, दिल्ली-110006
फोन : 011-23869812, 23865483, 23867791
e-mail : sales@rajpalpublishing.com
www.rajpalpublishing.com
www.facebook.com/rajpalandsons

भूमिका

जिस प्रकार शरीर विज्ञान का विशेषज्ञ चिकित्सक भी अपने शरीर की शल्य-क्रिया में समर्थ नहीं होता, उसी प्रकार मनोविज्ञान का ज्ञाता लेखक भी अपने सृजनात्मक मनोवेगों के विश्लेषण में सफ़ल नहीं हो पाता। सृजनात्मक रचना में प्रत्यक्ष रूप से चेतना कारण होती है, परन्तु अप्रत्यक्ष कारणों में कुछ महत्त्वपूर्ण योगदान अवचेतन भी देता है और कुछ पराचेतन भी। इस प्रकार चेतना के प्रत्यक्ष-अप्रत्यक्ष अनेक स्तर सक्रिय होकर, जिस सृजनात्मक आवेग-संवेग की रचना करते हैं, उसका तटस्थ विश्लेषण एक प्रकार से असम्भव ही है और यदि वह किसी प्रकार सम्भव भी हो सके तो रचनाकार और विशेषतः कवि को रचना-सुख से वंचित हो जाना पड़ेगा, जो उसे रचना से भी विमुख कर सकता है।

घर-जीवन में अन्तर्बाह्य संस्कार और परिस्थितियाँ कुछ ऐसी भी रहती हैं, जिनके विषय में कुछ कहा-सुना जा सकता है। मूलभूत या जन्मजात संस्कार का विषय जटिल है, क्योंकि उसकी स्थिति अवचेतन में अधिक रहती है और बालकपन के विधि-निषेध उसे धूमिल करते रहते हैं। माता-पिता, समाज, शिक्षक आदि उसे अपने और परम्परा के अनुकूल बनाने में इतने प्रयत्नशील रहते हैं कि बड़ा होने तक वह या तो जन्मजात संस्कारों को भूल जाता है या उनका दमन करना सीख जाता है। संस्कारों का जो अंश रुचि के रूप में उसके चेतन में व्यक्त होता है, वह प्रायः उसके अबोधपन में व्यक्त हो जाता है और उसे भी विधि-निषेधों का अनुशासन परिवर्तित कर देता है। बालक और उसके वयस्क रूप में वही अन्तर आ जाता है जो बिना बुने ताने-बाने में तथा उससे बुने और विशेष काट-छाँट से मिले वस्त्र में मिलेगा, जिसमें एक को दूसरे में पहचानना कठिन हो जाता है।

इस सम्बन्ध में मैं विशेष भाग्यवान रही हूँ। एक तो मेरे माता-पिता उदार प्रकृति के थे और बच्चों पर कठोर अनुशासन उनके स्वभाव के प्रतिकूल पड़ता था। दूसरे, कई पीढ़ियों से कन्या का अभाव झेलने के उपरान्त विशेष मनौती के परिणाम में मुझे पाने के कारण मुझ पर विधि-निषेध का भार कम डाला गया, अतः जन्मजात संस्कार दमित कम हुए। ऐसे परिवेश में मेरी विद्रोही प्रकृति अबाध विकसित होती रही और मैं वह बन सकी जो उस युग की कन्या या नारी के लिए बनना असम्भव नहीं तो कष्टसाध्य अवश्य था। मेरे जन्म को जब परिवार कुलदेवी दुर्गा का अनुग्रह मानता था तब वह मेरी विद्रोही प्रकृति को उसी देवी का वरदान मानते रहे हों तो आश्चर्य की बात नहीं।

जिस युग में माता-पिता के संरक्षण से बाहर बालिका को रखना बहुत निन्दा का कारण बन जाता था उसी में मैंने पिता जी से, (जो प्रयाग विश्वविद्यालय के छात्र रहे थे) प्रयाग की चर्चा सुनकर वहीं पढ़ने जाने का हठ किया और अन्त में मेरे हठ की ही विजय रही। उस बीसवीं शती के प्रथम दशक में बालिकाओं को रामचरित मानस से अधिक पढ़ाना भी परम्परा-विरुद्ध था, फिर किसी दूर नगर के छात्रावास में रखकर पढ़ाना तो अकल्पनीय ही कहा जाएगा।

उसके उपरान्त स्नातक होने से पहले ही मैंने जो यायावरी आरम्भ की, उसमें बदरीनाथ, केदार आदि पर्वतीय यात्राओं के साथ रामेश्वरम, कन्याकुमारी, पुरी आदि घूमकर रमण महर्षि का तथा बापू का आश्रम भी देख डाला। फिर बापू के आह्वान पर अपने शरीर से सोना-चाँदी उतार कर माँ, दादी, नानी के सलमे-सितारे के काम वाले कीमती लहँगे-दुपट्टे भी जला डाले। इन परम्परा-विरुद्ध कार्यों की अति की सीमा वहाँ हुई जब मैंने भिक्षुणी होने का निश्चय व्यक्त किया।

अपने ही विद्रोही स्वभाव के कारण मैं भिक्षुणी नहीं हो सकी, क्योंकि मेरा मन ऐसे साधक से दीक्षा लेने को प्रस्तुत नहीं हुआ जो स्त्री के मुख-दर्शन तक ही सीमित था। आश्चर्य तो यह है कि युग-युगान्तर से हमारा तप और साधना का क्षेत्र नारी के आतंक से आतंकित रहता आया है, चाहे वह मानवी हो या अप्सरा। बापू का उपदेश कि "तू अपनी मातृभाषा से अपनी गरीब बहिनों को शिक्षा देने का कार्य करे, तो अच्छा है," मेरे मन के अनुकूल सिद्ध हुआ और तब अर्थ और प्रतिष्ठा की दृष्टि से विश्वविद्यालय के प्रलोभनीय आमन्त्रण को अस्वीकार कर मैंने कुछ संबलहीन विद्यार्थिनियों के साथ साधनहीन विद्यापीठ को अपना कर्मक्षेत्र बनाया, जिसके सारे अभाव मेरे स्नेह और उनकी श्रद्धा ने भर दिए।

आज मेरा मन उन व्यक्तियों के प्रति प्रणत है, जिन्होंने अपने विश्वास और परम्परा की अवज्ञा कर मुझे ऐसी मुक्ति दी, जिसमें मेरा अन्तर्बाह्य-विकास सहज और स्वाभाविक हो गया।

लेखन की कथा भी बहुत कुछ ऐसी ही है। ब्राह्म-मुहूर्त में ही मुझे ठण्डे पानी से नहला कर माँ अपने साथ पूजा के लिए बैठा लेती थीं। मैंने अपने कष्ट की बात न कर उसके ठाकुर जी पर ही सहानुभूति प्रकट की और तुकबन्दी की—

ठण्डे पानी में नहलातीं
ठंडा चन्दन इन्हें लगातीं,
इनका भोग हमें दे जातीं,
फिर भी कभी नहीं बोले हैं
माँ के ठाकुर जी भोले हैं।

फिर तो बार-बार ऐसी तुकबन्दियाँ होने लगीं जो मेरे विद्रोही स्वभाव को ही व्यक्त करती थीं। जब पण्डित जी से कुछ छन्द ज्ञान प्राप्त कर लिखना आरम्भ किया तब लिखा—

मन्दिर के पटखोलत का यह देवता तो
दृग खोलि हैं नाहीं।
चन्दन फूल चढ़ाऊं भले हर्षाय कबों
अनुकूलि है नाहीं।
बेर हजारन शंखहिं फूँक यह
जागिहैं ना अरु डोलिहैं नाहीं।
प्राणन में नित बोलत है पुनि
मन्दिर में यह बोलिहैं नाहीं।

(मन्दिर के पट क्या खोलते हो, यह देवता तो आँखें नहीं खोलेगा, चन्दन फूल भले ही चढ़ा, यह न हर्षित होगा न अनुकूल होगा, हज़ार बार शंख बजाओ पर यह न हिलेगा न जागेगा। प्राणों में तो नित्य बोलता है, पर मन्दिर में यह नहीं बोलेगा।)

अवश्य ही माँ को कष्ट हुआ होगा, पर उन्होंने डाँटा कभी नहीं, स्नेह से समझाने का प्रयत्न अवश्य किया। पर परिणाम कुछ नहीं हुआ। यह सब मानो "क्या पूजन क्या अर्चन रे, उस असीम का सुन्दर मन्दिर मेरा लघुतम जीवन रे" का पूर्वगामी था।

गत छह दशकों में कविता में जितने आन्दोलन हुए हैं, उतने साहित्य की अन्य विधाओं में नहीं हो सके। इसके अनेक आर्थिक, सामाजिक, राजनीतिक कारण रहे। मुझमें, आन्दोलनों के प्रभाव ने, केवल मानव-गरिमा को ही अधिक गहराई में स्पर्श किया है, अन्य किसी आस्था विश्वास में परिर्वतन की भूमिका वे नहीं बन सके। प्रकृति के महादान में जैसे असीम धूप, जल, हवा, मिट्टी आदि पौधे को जन्म से ही मिल जाते हैं, परन्तु वह लेता उतना ही है, जितने में जीवन के साथ-साथ उसके रूप-रंग-रस की विशेषता बनी रहे, वैसे ही मेरे मन से अंकुरित भाव से अपने युग का विविधरूपी परिवेश स्वीकार किया है—अपनी विशेषता और भारतीय दृष्टि देकर आधुनिक कहलाने की इच्छा मुझे कभी नहीं हुई। समय-समय पर मैंने छायावाद, रहस्यवाद आदि अनेक वादों पर बहुत कुछ लिखा है। यहाँ उसे दोहराने की आवश्यकता नहीं है। 'आत्मिका' में मेरी ऐसी रचनाएँ संगृहीत हैं जो मेरी जीवन-दृष्टि, दर्शन, सौन्दर्यबोध, काव्य-दृष्टि आदि का परिचय दे सकेंगी।

इलाहाबाद

—**महादेवी**

10 मार्च, 1983

कविता-क्रम

पंथ होने दो अपरिचित

पंथ होने दो अपरिचित प्राण रहने दो अकेला!

घेर ले छाया अमा बन,
आज कज्जल-अश्रुओं में रिमझिमा ले यह घिरा घन;

और होंगे नयन सूखे,
तिल बुझे औ, पलक रूखे,
आर्द्र चितवन में यहाँ
शत विद्युतों में दीप खेला!

अन्य होंगे चरण हारे,
और हैं जो लौटते, दे शूल को संकल्प सारे;

दुखव्रती निर्माण उन्मद,
यह अमरता नापते पद,
बाँध देंगे अंक-संसृति
से तिमिर में स्वर्ण बेला!

दूसरी होगी कहानी,
शून्य में जिसके मिटे स्वर, धूलि में खायी निशानी,

आज जिस पर प्रलय विस्मित,
मैं लगाती चल रही नित,
मोतियों की हाट औ,
चिनगारियों का एक मेला!

हास का मधु-दूत भेजो,
रोष की भ्रू-भंगिमा पतझार को चाहे सहे जो!

ले मिलेगा उर अचंचल,
वेदना-जल, स्वप्न-शतदल,
जान लो वह मिलन एकाकी
विरह में है दुकेला!

पंथ होने दो अपरिचित प्राण रहने दो अकेला!

मैं और तू

तुम हो विधु के बिम्ब और मैं
मुग्धा रश्मि अजान,
जिसे खींच लाते अस्थिर कर
कौतूहल के बाण!

कलियों के मधुप्यालों से जो
करती मदिरा पान,
झाँक, जला देती नीड़ों में
दीपक सी मुस्कान।

लोल तरंगों के तालों पर
करती बेसुध लास,
फैलातीं तम के रहस्य पर
आलिंगन का पाश।

ओस धुले पथ में छिप तेरा
जब आता आह्वान,
भूल अधूरा खेल तुम्हीं में
होता अन्तर्धान!

तुम अनन्त जलराशि उर्मि मैं
चँचल सी अवदात,
अनिल-निपीड़ित जा गिरती जो
कूलों पर अज्ञात;

हिम-शीतल अधरों से छूकर
तप्त कणों की प्यास,
बिखराती मंजुल मोती से
बुद्‍बुद में उल्लास,

देख तुम्हें निस्तब्ध निशा में
करते अनुसन्धान,
श्राँत तुम्हीं में सो जाते जा
जिसके बालक प्राण!

तम परिचित ऋतुराज मूक मैं
मधु-श्री कोमलगात,
अभिमंत्रित कर जिसे सुलाती
आ तुषार की रात;

पीत पल्लवों में सुन तेरी
पद, ध्वनि उठती जाग,
फूट-फूट पड़ता किसलय मिस
चिरसंचित अनुराग,

मुखरित कर देता मानस-पिक
तेरा चितवन-प्रात;
छू मादक निःश्वास पुलक—
उठते रोओं से पात!

फूलों में मधु से लिखती जो
मधुघड़ियों के नाम,
भर देती प्रभात का अँचल
सौरभ से बिन दाम;

'मधु जाता अलि' जब कह जाती
आ संतप्त बयार,
मिल तुझमें उड़ जाता जिसका
जागृति का संसार!

स्वर लहरी मैं मधुर स्वप्न की
तुम निद्रा के तार
जिसमें होता इस जीवन का
उपक्रम उपसंहार;

पलकों से पलकों पर उड़कर
तितली सी अम्लान,
निद्रित जग पर बुन देती जो
लय का एक वितान;

मानस-दोलों में सोती शिशु
इच्छाएँ अनजान,
उन्हें उड़ा देती नभ में दे
द्रुत पंखों का दान!

सुखदुख की मरकत-प्याली से
मधु-अतीत कर पान,
मादकता की आभा से छा
लेती तम के प्राण;

जिसकी साँसें छू हो जाता
छाया जग वपुमान,
शून्य निशा में भटके फिरते
सुधि के मधुर विहान;

इन्द्रधनुष के रंगों से भर
धुँधले चित्र अपार,
देती रहती चिर रहस्यमय
भावों को आकार!

जब अपना संगीत सुलाते
थक वीणा के तार,
धुल जाता उसका प्रभात के
कुहरे सा संसार!

फूलों पर नीरव रजनी के
शून्य पलों के भार
पानी करते रहते जिसके
मोती के उपहार

जब समीर-यानों पर उड़ते
मेघों के लघु बाल,
उनके पथ पर जो बुन देता
मृदु आभा के जाल;

जो रहता तम के मानस से
ज्यों पीड़ा का दाग,
आलोकित करता दीपक सा
अन्तर्हित अनुराग।

जब प्रभात में मिट जाता
छाया का कारागार,
मिल दिन में असीम हो जाता
जिसका लघु आकार!

मैं तुमसे हूँ एक, एक हैं
जैसे रश्मि प्रकाश;
मैं तुमसे हूँ भिन्न, भिन्न ज्यों
घन से तड़ित-विलास;

मुझे बाँधने आते हो लघु
सीमा में चुपचाप,
कर पाओगे भिन्न कभी क्या
ज्वाला से उत्ताप?

अश्रु-नीर

प्रिय इन नयनों का अश्रु-नीर!

दुख से आविल सुख से पंकिल
बुद्बुद से स्वप्नों से फेनिल,
बहता है युग युग से अधीर!

जीवन-पथ का दुर्गमतम तल,
अपनी गति से कर सजल सरल,
शीतल करता युग तृषित तीर!

इसमें उपजा यह नीरज सित,
कोमल-कोमल लज्जित मीलित;
सौरभ-सी लेकर मधुर पीर!

इसमें न पंक का चिह्न शेष,
इसमें न ठहरता सलिल-लेश,
इसको न जगाती मधुप-भीर!

तेरे करुणा-कण से विलसित,
हो तेरी चितवन से विकसित,
छू तेरी श्वासों का समीर!

विरह का जलजात

विरह का जलजात जीवन, विरह का जलजात!

वेदना में जन्म करुणा में मिला आवास;
अश्रु चुनता दिवस इसका, अश्रु गिनती रात;
जीवन विरह का जलजात!

आँसुओं का कोष उर दृग अश्रु की टकसाल;
तरल जल-कण से बने घन सा क्षणिक मृदु गात!
जीवन विरह का जलजात!

अश्रु से मधुकण लुटाता आ यहाँ मधुमास;
अश्रु ही की हाट बन आती करुण बरसात!
जीवन विरह का जलजात!

काल इसको दे गया पल-आँसुओं का हार;
पूछता इसकी कथा निःश्वास ही में बात!
जीवन विरह का जलजात!

जो तुम्हारा हो सके लीलाकमल यह आज;
खिल उठे निरुपम तुम्हारी देख स्मित का प्रात!
जीवन विरह का जलजात!

नयन आते भर-भर

पुलक पुलक उर, सिहर सिहर तन,
आज नयन आते क्यों भर भर?

सकुच सलज खिलती शेफाली;
अलस मौलश्री डाली डाली;
बुनते नव प्रवाल कुँजों में;
रजत श्याम तारों से जाली;

शिथिल मधु-पवन गिन-गिन मधु-कण;
हरसिंगार झरते हैं झर झर!
आज नयन आते क्यों भर भर?

पिक की मधुमय वंशी बोली,
नाच उठी सुन अलिनी भोली;
अरुण सजल पाटल बरसाता,
तम पर मृदु पराग की रोली;

मृदुल अंक धर; दर्पण-सा सर,
आँज रही निशि दृग-इन्दीवर!
आज नयन आते क्यों भर भर?

आँसू बन बन तारक आते;
सुमन हृदय में सेज बिछाते;
कम्पित वानीरों के वन भी,
रह रह करुण विहाग सुनाते,

निद्रा उन्मन, कर कर विचरण,
लौट रही सपने संचित कर!
आज नयन आते क्यों भर भर?

जीवन, जल कण से निर्मित सा,
चाह-इन्द्रधनु से चित्रित सा;
सजल मेघ सा धूमिल है जग;
चिर नूतन सकरुण पुलकित सा;

तुम विद्युत् बन, आओ पाहुन!
मेरी पलकों में पग धर धर!
आज नयन आते क्यों भर भर!

कौन तुम मेरे हृदय में

कौन तुम मेरे हृदय में?

कौन मेरी कसक में नित
मधुरता भरता अलक्षित?
कौन प्यासे लोचनों में
घुमड़ घिर झरता अपरिचित?

स्वर्णस्वप्नों का चितेरा
नींद के सूने निलय में!
कौन तुम मेरे हृदय में?

अनुसरण निःश्वास मेरे
कर रहे किसका निरन्तर?
चूमने पदचिह्न किसके
लौटते यह श्वास फिर फिर!

कौन बन्दी कर मुझे अब
बँध गया अपनी विजय में?
कौन तुम मेरे हृदय में?

एक करुण अभाव में चिर–
तृप्ति का संसार संचित;
एक लघु क्षण दे रहा
निर्वाण के वरदान शत शत

पा लिया मैंने किसे इस
वेदना के मधुर क्रय में?
कौन तुम मेरे हृदय में?

गूँजता उर में न जाने
दूर के संगीत सा क्या!
आज खो निज को मुझे
खोया मिला, विपरीत-सा क्या!

क्या नहा आई विरह-निशि
मिलन-मधु-दिन के उदय में?
कौन तुम मेरे हृदय में?

तिमिर-पारावार में
आलोक-प्रतिमा है अकम्पित;
आज ज्वाला से बरसता
क्यों मधुर घनसार सुरभित?

सुन रही हूँ एक ही
झँकार जीवन में, प्रलय में?
कौन तुम मेरे हृदय में?

मूक सुख-दुख कर रहे
मेरा नया शृंगार-सा क्या?
झूम गर्वित स्वर्ग देता–
नत धरा को प्यार-सा क्या?

आज पुलकित सृष्टि क्या
करने चली अभिसार लय में?
कौन तुम मेरे हृदय में?

मेरे हँसते अधर...

मेरे हँसते अधर नहीं जग–
की आँसू-लड़ियाँ देखो!
मेरे गीले पलक छुओ मत
मुरझाई कलियाँ देखो!

हँस देता नव इन्द्रधनुष की–
स्मित में घन मिटता मिटता;
रंग जाता है विश्व राग से
निष्फल दिन ढलता ढलता;
कर जाता संसार सुरभिमय
एक सुमन झरता झरता;
भर जाता आलोक तिमिर में
लघु दीपक बुझता बुझता;

मिटनेवालों की हे निष्ठुर!
बेसुध रंगरलियाँ देखो!
मेरे गीले पलक छुझो मत
मुरझाई कलियाँ देखो!

गल जाता लघु बीज असंख्यक
नश्वर बीज बनाने को;
तजता पल्लव वृन्त पतन के
हेतु नये विकसाने को,
मिटता लघु पल प्रिय देखो
कितने युग कल्प मिटाने को;
भूल गया जग भूल विपुल
भूलोंमय सृष्टि रचाने को!

मेरे बन्धन आज नहीं प्रिय,
संसृति की कड़ियाँ देखो!
मेरे गीले पलक छुओ मत
मुरझाई कलियाँ देखो

श्वासें कहतीं 'आता प्रिय,
निःश्वास बताते 'वह जाता'
आँखों ने समझा अनजाना
उर कहता चिर यह नाता
सुधि से सुन 'वह स्वप्न सजीला
क्षण क्षण नूतन बन आता';
दुख उलझन में राह न पाता
सुख दृग-जल में बह जाता;

मुझ में हो तो आज तुम्हीं 'मैं'
बन दुख की घड़ियाँ देखो!
मेरे गीले पलक छुओ मत
बिखरी पंखुरियाँ देखो!

मधुवेला है आज

मधुवेला है आज
अरे तू जीवन-पाटल फूल!

आयी दुख की रात मोतियों की देने जयमाल
सुख की मन्द बतास खोलती पलकें दे दे ताल;

डर मत रे सुकुमार!
तुझे दुलराने आये शूल!

अरे तू जीवन-पाटल फूल!

भिक्षुक सा यह विश्व खड़ा है पाने करुणा प्यार;
हँस उठ रे नादान खोल दे पंखुरियों के द्वार;

रीते कर ले कोष
नहीं कल सोना होगा धूल!

अरे तू जीवन-पाटल फूल!

मिलन यामिनी

आ मेरी चिर मिलन-यामिनी!

तममयि! घिर आ धीरे-धीरे,
आज न सज अलकों में हीरे,
चौंका दें जग श्वास न सीरे,

हौले झरें शिथिल कबरी में–
गूँथे हरश्रृंगार कामिनी!

हौले डाल पराग-बिछौने,
आज न दे कलियों को रोने,
दे चिर चँचल लहरें सोने,

जमा न निद्रित विश्व ढालने
विधु-प्याले से मधुर चाँदनी!

परिमल भर लावे नीरव घन,
गले न मृदु उर आँसू बन बन,
हो न करुण पी पी का क्रन्दन,

अलि, जुगनू के छिन्न हार को
पहिन न विहँसे चपल दामिनी!

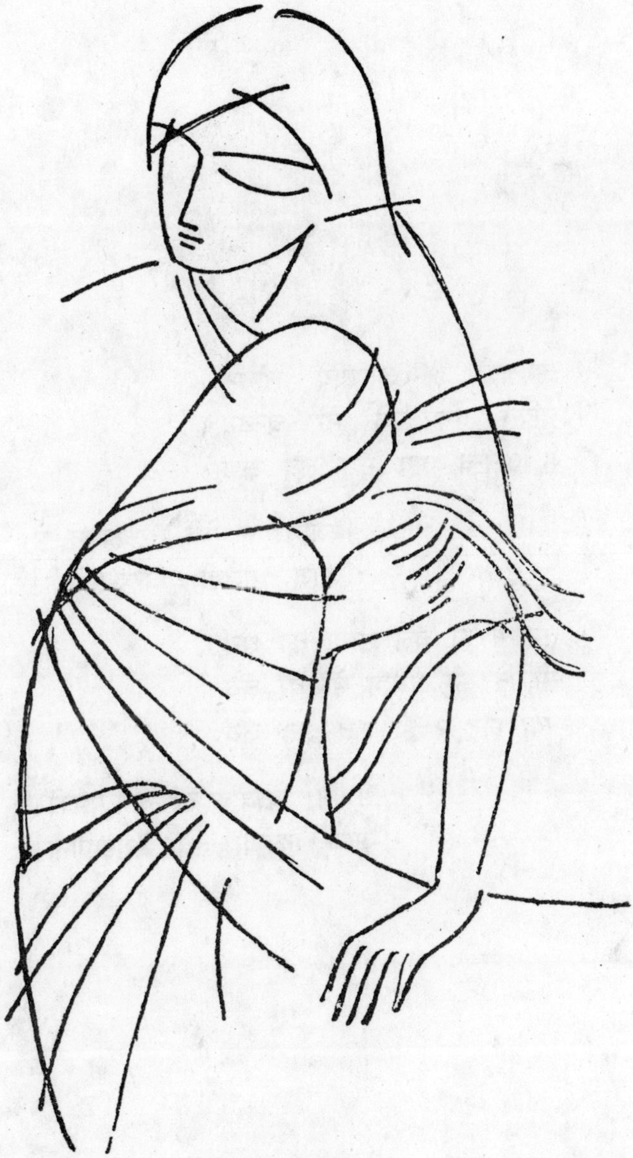

अपलक हैं अलसाये लोचन,
मुक्ति बन गये मेरे बन्धन,
है अनन्त अब मेरा लघु क्षण,

रजनि! न मेरी उर-कम्पन से
आज बजेगी विरह-रागिनी!

तम में हो चल छाया का क्षय,
सीमित की असीम में चिर लय,
एक हार में हो शत शत जय,

सजनि! विश्व का कण-कण मुझको।
आज कहेगा चिर सुहागिनी!

कैसे सन्देश !

कैसे सन्देश प्रिय पहुँचाती!

दृग-जल की सित मसि है अक्षय,
मसि-प्याली, झरते तारक द्वय;

पल पल के उड़ते पृष्ठों पर,
सुधि से लिख श्वासों के अक्षर—

मैं अपने ही बेसुधपन में
लिखती हूँ कुछ, कुछ लिख जाती।

छायापथ में छाया से चल,
कितने आते जाते प्रतिपल;

लगते उनके विभ्रम इंगित
क्षण में रहस्य क्षण में परिचित;

मिलता न दूत वह चिरपरिचित
जिसको उर का धन दे आती!

अज्ञात पुलिन से, उज्ज्वलतर,
किरणें प्रवाल-तरिणी में भर;

तम के नीलम-कूलों पर नित,
जो ले आती अरुणा सस्मित—

वह मेरी करुण कहानी में
मुस्कानें अंकित कर जाती!

सज केशर-पट तारक-बेंदी
दृग अंजन मृदु पद में मेंहदी,

आती भर मन्दिर से गगरी
सन्ध्या अनुराग सुहाग भरी;

मेरे विषाद में वह अपने
मधुरस की बूंदें छलकाती!

डाले नव घन का अवगुण्ठन,
दृग-तारक से सकरुण चितवन,

पदध्वनि से सपने जाग्रत कर,
श्वासों से फैला मूक तिमिर,

निशि अभिसारों में आँसू से
मेरी मनुहारें धो जाती!

कैसे सन्देश प्रिय पहुँचाती!

मैं पथ भूली

प्रिय सुधि भूले री मैं पथ भूली!

मेरे ही मृदु उर में हँस बस,
श्वासों में भर मादक मधु-रस,
लघु कलिका के चल परिमल से
वे नभ छाये री मैं वन फूली!
प्रिय सुधि भूले री मैं पथ भूली!

तज उनका गिरि सा गुरु अन्तर
मैं सिकता-कण सी आई झर;
आज सजनि उनसे परिचय क्या!
वे घन-चुम्बित मैं पथ-धूली!
प्रिय सुधि भूले री मैं पथ भूली!

उनकी वीणा की नव कम्पन,
डाल गयी री मुझ में जीवन!
खोज न पायी उसका पथ मैं
प्रतिध्वनि सी सूने में झूली!
प्रिय सुधि भूले री मैं पथ भूली!

टूट गया वह दर्पण

टूट गया वह दर्पण निर्मम

उसमें हँस दी मेरी छाया!
मुझमें रो दी ममता माया,
अश्रु-हास ने विश्व सजाया,

रहे खेलते आँखमिचौनी
प्रिय! जिसके परदे में 'मैं' 'तुम'!
टूट गया वह दर्पण निर्मम!

अपने दो आकार बनाने;
दोनों का अभिसार दिखाने;
भूलों का संसार बसाने,

जो झिलमिल झिलमिल सा तुमने
हँस हँस दे डाला था निरुपम!
टूट गया वह दर्पण निर्मम!

कैसा पतझर कैसा सावन,
कैसी मिलन विरह की उलझन,
कैसा पल घड़ियोंमय जीवन,

कैसे निशि-दिन कैसे सुख-दुख
आज विश्व में तुम हो या तम!
टूट गया वह दर्पण निर्मम!

किसमें देख सँवारूँ कुन्तल,
अंगराग पुलकों का मल मल,
स्वप्नों से आँजूँ पलकें चल,

किस पर रीझूँ किस से रूठूँ,
भर लूँ किस छवि से अन्तरतम!
टूट गया वह दर्पण निर्मम!

आज कहाँ मेरा अपनापन;
तेरे छिपने का अवगुण्ठन;
मेरा बन्धन तेरा साधन,

तुम मुझ में अपना सुख देखो
मैं तुम में अपना दुख प्रियतम!
टूट गया वह दर्पण निर्मम!

प्राणपिक

प्राणपिक प्रिय-नाम रे कह!

मैं मिटी निस्सीम प्रिय में,
वह गया बँध लघु हृदय में;
अब विरह की रात को तू
चिर मिलन का प्रात रे कह,

दुख-अतिथि का धो चरणतल,
विश्व रसमय कर रहा जल
यह नहीं क्रन्दन हठीले!
सजल पावसमास रे कह!

ले गया जिसको लुभा दिन,
लौटती वह स्वप्न बन बन;
है न मेरी नींद, जागृति
का इसे उत्पात रे कह!

एक प्रिय-दृग-श्यामता सा,
दूसरा स्मित की विभा सा;
यह नहीं निशिदिन इन्हें
प्रिय का मधुर उपहार रे कह!

श्वास से स्पन्दन रहे झर,
लोचनों से रिस रहा उर;
    दान क्या प्रिय ने दिया
        निर्वाण का वरदान रे कह!

चल क्षणों का क्षणिक संचय,
बालुका से बिन्दु-परिचय;
    कह न जीवन तू इसे
        प्रिय का निठुर उपहार रे कह!

इस पथ से आना

तुम दुख बन इस पथ से आना!

शूलों में नित मृदु पाटल सा;
खिलने देना मेरा जीवन;

क्या हार बनेगा वह जिसने
सीखा न हृदय को बिंधवाना!

वह सौरभ हूँ मैं जो उड़कर
कलिका में लौट नहीं पाता,

पर कलिका के नाते ही प्रिय
जिसको जग ने सौरभ जाना!

नित जलता रहने दो तिल तिल,
अपनी ज्वाला में उर मेरा;

इसकी विभूति में फिर आकर
अपने पद-चिह्न बना जाना!

वर देते हो तो कर दो ना,
चिर आँखमिचौनी यह अपनी;

जीवन में खोज तुम्हारी है
मिटना ही तुमको छू पाना!

प्रिय! तेरे उर में जग जावे,
प्रतिध्वनि जब मेरे पी पी की;

उसको जग समझे बादल में
विद्युत् का बन बन मिट जाना!

तुम चुपके से आ बस जाओ,
सुख-दुख सपनों में श्वासों में;

पर मन कह देगा 'यह वे हैं'
आँखें कह देंगी 'पहचाना'!

जड़ जग के अणुओं में स्मित से,
तुमने प्रिय जब डाला जीवन,

मेरी आँखों ने सींच उन्हें
सिखलाया हँसना खिल जाना!

कुहरा जैसे घन आतप में,
यह संसृति मुझमें लय होगी;

अपने रागों में लघु वीणा
मेरी मत आज जगा जाना!

तुम दुख बन इस पथ से आना!

पूजन–अर्चन !

क्या पूजन क्या अर्चन रे!

उस असीम का सुन्दर मन्दिर मेरा लघुतम जीवन रे!
मेरी श्वासें करती रहतीं नित प्रिय का अभिनन्दन रे!

पदरज को धोने उमड़े आते लोचन में जल-कण रे!
अक्षत पुलकित रोम, मधुर मेरी पीड़ा का चन्दन रे!

स्नेहभरा जलता है झिलमिल मेरा यह दीपक मन रे!
मेरे दृग के तारक में नव उत्पल का उन्मीलन रे!

धूप बने उड़ते जाते हैं प्रतिपल मेरे स्पन्दन रे!
प्रिय प्रिय जपते अधर, ताल देता पलकों का नर्तन रे!

जाग बेसुध जाग!

जाग बेसुध जाग!
अश्रुकण से उर सजाया त्याग हीरक-हार
भीख दुख की माँगने फिर जो गया प्रतिद्वार;
शूल जिसने फूल छू चन्दन किया संताप;
सुन जगाती है उसी सिद्धार्थ की पद-चाप;
करुणा के दुलारे जाग!

शंख में ले नाश मुरली में छिपा वरदान,
दृष्टि में जीवन अधर में सृष्टि ले छविमान
आ रचा जिसने स्वरों में प्यार का संसार,
गूँजती प्रतिध्वनि उसी की फिर क्षितिज के पार;
वृन्दाविपिनवाले जाग!

रात के पथहीन तम में मधुर जिसके श्वास,
फैल भरते लघु कणों में भी असीम सुवास,
कंटकों की सेज जिसकी आँसुओं का ताज,
सुभग! हँस उठ, उस प्रफुल्ल गुलाब ही सा आज,
बीती रजनि प्यारे जाग!

सान्ध्य गगन

प्रिय! सान्ध्य गगन,
मेरा जीवन!

यह क्षितिज बना धुँधला विराग,
नव अरुण अरुण मेरा सुहाग;
छाया सी काया वीतराग;
सुधि-भीने स्वप्न रँगीले घन!

साधों का आज सुनहलापन,
घिरता विषाद का तिमिर सघन,
सन्ध्या का नभ से मूक मिलन--
यह अश्रुमती हँसती चितवन!

लाता भर श्वासों का समीर,
जग से स्मृतियों का गन्ध धीर;
सुरभित हैं जीवन-मृत्यु-तीर,
रोमों में पुलकित कैरव-वन!

अब आदि-अन्त दोनों मिलते,
रजनी-दिन-परिणय से खिलते,
आँसू मिस हिम के कण ढुलते,
ध्रुव आज बना स्मृति का चल क्षण!

इच्छाओं के सोने से शर,
किरणों से द्रुत झीने सुन्दर,
सूने असीम नभ में चुभकर--
बन बन आते नक्षत्र-सुमन!

घर आज चले सुख-दुख-विहग,
तम पोंछ रहा मेरा अग जग;
छिप आज चला वह चित्रित मग,
उतरो अब पलकों में पाहुन!

शून्य मन्दिर में

शून्य मन्दिर में बनूँगी आज मैं प्रतिमा तुम्हारी!

अर्चना हों शूल भोले,
क्षार दृग-जल अर्घ्य हो ले,
आज करुणा-स्नात उजला,
दुःख हो मेरा पुजारी!

नूपुरों का मूक छूना,
सरव कर दे विश्व सूना,
यह अगम आकाश उतरे,
कम्पनों का हो भिखारी!

लोल तारक भी अचँचल,
चल न मेरा एक कुन्तल,
अचल रोमों में समाई,
मुग्ध हो गति आज सारी!

राग मद की दूर लाली,
साध भी इसमें न पाली,
शून्य चितवन में बसेगी,
मूक हो गाथा तुम्हारी!

मैं नीरभरी

मैं नीरभरी दुख की बदली!

स्पन्दन में चिर निस्पन्द बसा;
क्रन्दन में आहत विश्व हँसा,
नयनों में दीपक से जलते
पलकों में निर्झरिणी मचली!

मेरा पग पग संगीतभरा,
श्वासों से स्वप्न-पराग झरा,
नभ के नव रँग बुनते दुकूल,
छाया में मलय-बयार पली!

मैं क्षितिज-भृकुटि पर घिर धूमिल,
चिन्ता का भार, बनी अविरल,
रज-कण पर जल-कण हो बरसी
नवजीवन-अंकुर बन निकली!

पथ न मलिन करता आना,
पद-चिह्न न दे जाता जाना,
सुधि मेरे आगम की जग में
सुख की सिहरन हो अंत खिली!

विस्तृत नभ का कोई कोना;
मेरा न कभी अपना होना,
परिचय इतना इतिहास यही
उमड़ी कल थी मिट आज चली!

मैं नीरभरी दुख बदली!

झिलमिलाती रात

झिलमिलाती रात मेरी!

साँझ के अन्तिम सुनहले
हास सी चुपचाप आकर,
मूक चितवन की विभा–
तेरी अचानक छू गई भर;

बन गई दीपावली तब आँसुओं की पाँत मेरी!

अश्रु घन के बन रहे स्मित–
सुप्त वसुधा के अधर पर
कंज में साकार होते
वीचियों के स्वप्न सुन्दर,

मुस्करा दी दामिनी में साँवली बरसात मेरी!

क्यों इसे अम्बर न निज
सूने हृदय में आज भर ले?
क्यों न यह जड़ में पुलक का,
प्राण का संचार कर ले?

है तुम्हारी श्वास के मधु-भार-मन्थर वात मेरी!

चिर सजग आँखें

चिर सजग आँखें उनींदी आज कैसा व्यस्त बाना!
जाग तुझको दूर जाना!

अचल हिमगिरि के हृदय में आज चाहे कम्प हो ले,
या प्रलय के आँसुओं में मौन अलसित व्योम रो ले;

आज पी आलोक को डोले तिमिर की घोर छाया,
जागकर विद्युत्-शिखाओं में निठुर तूफान बोले!

पर तुझे है नाश-पथ पर चिह्न अपने छोड़ आना!
जाग तुझको दूर जाना!

बाँध लेंगे क्या तुझे यह मोम के बन्धन सजीले?
पंथ की बाधा बनेंगे तितलियों के पर रँगीले?

विश्व का क्रन्दन भुला देगी मधुप की मधुर गुनगुन,
क्या डुबा देंगे तुझे यह फूल के दल ओस-गीले?

तू न अपनी छाँह को अपने लिए कारा बनाना!
जाग तुझको दूर जाना!

वज्र का उर एक छोटे अश्रु-कण में धो गलाया,
दे किसे जीवन-सुधा दो घूँट मदिरा माँग लाया?

सो गई आँधी मलय की वात का उपधान ले क्या?
विश्व का अभिशाप क्या चिर नींद बनकर पास आया?

अमरता-सुत चाहता क्यों मृत्यु को उर में बसाना?
जाग तुझको दूर जाना!

कह न ठंडी साँस में अब भूल वह जलती कहानी,
आग हो उर में तभी दृग में सजेगा आज पानी,

हार भी तेरी बनेगी मानिनी जय की पताका,
राख क्षणिक पतंग की है अगर दीपक की निशानी!

है तुझे अंगार-शय्या पर मृदुल कलियाँ बिछाना!
जाग तुझको दूर जाना!

आज पिंजर खोल दो!

कीर का प्रिय आज पिंजर खोल दो!

हो उठी हैं चंचु छूकर,
तीलियाँ भी वेणु सस्वर;

बन्दिनी स्पन्दित व्यथा ले,
सिहरता जड़ मौन पिंजर!

आज जड़ता में इसी की बोल दो!

जग पड़ा छू अश्रु-धारा,
हत परों का विभव सारा;

अब अलस बन्दी युगों का—
ले उड़ेगा शिथिल कारा!

पंख पर वे सजल सपने तोल दो!

क्या तिमिर कैसी निशा है!
आज विदिशा ही दिशा है;

दूर-खग आ निकटता के
अमर बन्धन में बसा है!

प्रलय-घन में आज राका घोल दो!

चपल पारद सा विकल तन,
सजल नीरद सा भरा मन,

नाप नीलाकाश ले जो
बेड़ियों का माप यह बन,

एक किरण अनन्त दिन की मोल दो!

अब वरदान कैसा!

देव अब वरदान कैसा!

वेध दो मेरा हृदय माला बनूँ प्रतिकूल क्या है!
मैं तुम्हें पहचान लूँ इस कूल तो उस कूल क्या है!

छीन सब मीठे क्षणों को,
इन अथक अन्वेषणों को

आज लघुता ले मुझे
दोगे निठुर प्रतिदान कैसा!

जन्म से यह साथ हैं मैंने इन्हीं का प्यार जाना;
स्वजन ही समझा दृगों के अश्रु को पानी न माना;

इन्द्रधनु से नित सजी सी,
विद्युत-हीरक से जड़ी सी,

मैं भरी बदली रहूँ
चिर मुक्ति का सन्मान कैसा!

युगयुगान्तर की पथिक मैं छू कभी लूँ छाँह तेरी
ले फिरूँ सुधि दीप सी, फिर राह में अपनी अँधेरी;

लौटता लघु पल न देखा,
नित नये क्षण-रूप रेखा,

चिर बटोही मैं, मुझे
चिर पंगुता का दान कैसा!

क्यों मुझे प्रिय !

क्यों मुझे प्रिय हो न बन्धन!

बन गया तम-सिन्धु का, आलोक सतरंगी पुलिन-सा;
रजभरे जग-बाल से हैं; अंक विद्युत का मलिन-सा;

स्मृति पटल पर कर रहा अब
वह स्वयं निज रूप-अंकन!

चाँदनी मेरी अमा का, भेंट कर अभिषेक करती;
मृत्यु-जीवन के पुलिन दो आज जागृति एक करती,

हो गया अब दूत प्रिय का
प्राण का सन्देश, स्पन्दन!

सजनि मैंने स्वर्ण-पिंजर में प्रलय का वात पाला;
आज पुंजीभूत तम को कर, बना डाला उजाला;

तूल से उर में समा कर
हो रही नित ज्वाल चन्दन!

आज विस्मृति-पंथ में निधि से मिले पद-चिह्न उनके
वेदना लौटा रही है विफल खोये स्वप्न गिनके;

घुल हुई इन लोचनों में
चिर प्रतीक्षा पूत अंजन!

आज मेरा खोज-खग गाता चला लेने बसेरा;
कह रहा सुख अश्रु से 'तू है चिरन्तन प्यार मेरा',

बन गए बीते युगों के
विकल मेरे श्वास स्पन्दन!

बीन-बन्दी तार की झंकार है आकाशचारी;
धूलि के इस मलिन दीपक से बँधा है तिमिरहारी

बाँधती निर्बन्ध को मैं
बन्दिनी निज बेड़ियाँ गिन!

नित सुनहली साँझ के पद से लिपट आता अँधेरा!
पुलक-पंखी विरह पर उड़ आ रहा है मिलन मेरा;

कौन जाने है बसा उस पार
तम या रागमय दिन!

मेरे गीले नयन

प्रिय मेरे गीले नयन बनेंगे आरती!

श्वासों में सपने कर गुम्फित,
बन्दनवार वेदना-चर्चित,
भर दुख से जीवन का घट नित,
मूक क्षणों में मधुर भरूँगी भारती!

दृग मेरे दो दीपक झिलमिल,
भर आँसू का स्नेह रहा ढुल,
सुधि तेरी अविराम रही जल,
पद-ध्वनि पर आलोक रहूँगी वारती!

यह लो प्रिय! निधियोंमय जीवन,
जग की अक्षय स्मृतियों का धन,
सुख-सोना करुणा-हीरक-कण,
तुमझे जीता आज तुम्हीं को हारती!

विसर्जन

निशा की, धो देता राकेश
चाँदनी में जब अलकें खोल
कली से कहता था मधुमास
'बता दो मधु मदिरा का मोल;

झटक जाता था पागल वात
धूल में तुहिनकणों के हार,
सिखाने जीवन का संगीत
तभी तुम आये थे इस पार।

बिछाती थी सपनों के जाल
तुम्हारी वह करुणा की कोर,
गई वह अधरों की मुस्कान
मुझे मधुमय पीड़ा में बोर;

भूलती थी मैं सीखे राग
बिछलते थे कर बारम्बार,
तुम्हें तब आता था करुणेश!
उन्हीं मेरी भूलों पर प्यार!

गए तब से कितने युग बीत
हुए कितने दीपक निर्वाण!
नहीं पर मैंने पाया सीख
तुम्हारा सा मनमोहन गान।

नहीं अब गाया जाता देव!
थकी अँगुली, हैं ढीले तार
विश्ववीणा में अपनी आज
मिला लो यह अस्फुट झंकार!

आना

जो मुखरित कर जाती थी
मेरा नीरव आवाहन,
मैंने दुर्बल प्राणों की
वह आज सुला दी कम्पन!

थिरकन अपनी पुतली की
भारी पलकों में बाँधी,
निस्पन्द पड़ी हैं आँखें
बरसाने वाली आँधी!

जिसके निष्फल जीवन ने
जल जल कर देखीं राहें!
निर्वाण हुआ है देखो
वह दीप लुटा कर चाहें!

निर्घोष घटाओं में छिप
तड़पन चपला की सोती,
झंझा के उन्मादों में
घुलती जाती बेहोशी!

करुणामय को भाता है
तम के परदों में आना,
हे नभ की दीपावलियों!
तुम पल भर को बुझ जाना!

अधिकार

वे मुस्काते फूल, नहीं—
जिनको आता है मुरझाना,
वे तारों के दीप, नहीं—
जिनको भाता है बुझ जाना;

वे नीलम के मेघ, नहीं—
जिनको है घुल जाने की चाह,
वह अनन्त ऋतुराज, नहीं—
जिसने देखी जाने की राह।

वे सूने से नयन, नहीं—
जिनमें बनते आँसू-मोती,
वह प्राणों की सेज, नहीं
जिसमें बेसुध पीड़ा सोती;

ऐसा तेरा लोक, वेदना
नहीं नहीं जिसमें अवसाद,
जलना जाना नहीं, नहीं—
जिसने जाना मिटने का स्वाद!

क्या अमरों का लोक मिलेगा
तेरी करुणा का उपहार?
रहने दो हे देव! अरे
यह मेरा मिटने का अधिकार!

अभिमान

छाया की आँखमिचौनी
मेघों का मतवालापन,
रजनी के श्याम कपोलों
पर ढरकीले श्रम के कन;

फूलों की मीठी चितवन
नभ की ये दीपावलियाँ;
पीले मुख पर सन्ध्या के
वे किरणों की फुलझड़ियाँ!

विधु की चाँदी की थाली
मादक मकरन्द भरी सी;
जिसमें उजियारी रातें
लुटती घुलती मिसरी सी!

भिक्षुक से फिर जाओगे
जब लेकर यह अपना धन,
करुणामय तब समझोगे
इन प्राणों का महँगापन!

क्यों आज दिये देते हो
अपना मरकत सिंहासन!
यह है मेरे मरु मानस-
का चमकीला सिकता-कन!

आलोक यहाँ लुटता है
बुझ जाते हैं तारागण,
अविराम जला करता है
पर मेरा दीपक सा मन!

जिसकी विशाल छाया में
जग बालक सा सोता है,
मेरी आँखों में वह दुख
आँसू बन कर खोता है!

जग हँसकर कह देता है
मेरी आँखें हैं निर्धन,
इनके बरसाये मोती
क्या वह अब तक पाया गिन?

मेरी लघुता पर आती
जिस दिव्य-लोक को ब्रीड़ा,
उसके प्राणों से पूछो
वे पाल सकेंगे पीड़ा?

उनसे कैसे छोटा है
मेरा यह भिक्षुक जीवन?
उनमें अनन्त करुणा है
इसमें असीम सूनापन!

दुविधा

कह दे माँ क्या अब देखूँ!

देखूँ खिलतीं कलियाँ या
प्यासे सूखे अधरों को,
तेरी चिर यौवन-सुषमा
या जर्जर जीवन देखूँ!

देखूँ हिम-हीरक हँसते
हिलते नीले कमलों पर,
या मुरझायी पलकों से
झरते आँसू-कण देखूँ!

सौरभ पी पी कर बहता
देखूँ यह मन्द समीरण,
दुख की घूँटें पीती या
ठंडी साँसों को देखूँ।

खेलूँ परागमय मधुमय
तेरी वसन्त-छाया में,
या झुलसे सन्तापों से
प्राणों का पतझर देखूँ!

मकरन्द-पगी केसर पर
जीती मधु-परियाँ ढूँढ़
या उर-पंजर में कण को
तरसे जीवन-शुक देखूँ!

कलियों की घन-जाली में
छिपती देखूँ लतिकाएँ
या दुर्दिन के हाथों में
लज्जा की करुणा देखूँ!

बहलाऊँ नव किसलय के—
झूले में अलि-शिशु तेरे,
पाषाणों में मसले या
फूलों से शैशव देखूँ!

तेरे असीम आँगन की
देखूँ जगमग दीवाली,
या इस निर्जन कोने के
बुझते दीपक को देखूँ!

देखूँ विहगों का कलरव
घुलता जल की कलकल में,
निस्पन्द पड़ी वीणा से
या बिखरे मानस देखूँ!

मृदु रजत-रश्मियाँ देखूँ
उलझी निद्रा-पंखों में;
या निर्निमेष पलकों में
चिन्ता का अभिनय देखूँ!

तुझ में अम्लान हँसी है
इसमें अजस्र आँसू-जल;
तेरा वैभव देखूँ या
जीवन का क्रन्दन देखूँ!

मेरा पता

स्मित तुम्हारी से छलक यह ज्योत्स्ना अम्लान,
जान कब पायी हुआ उसका कहाँ निर्माण!

अचल पलकों में जड़ी सी तारकाएँ दीन,
ढूँढ़ती अपना पता विस्मित निमेषविहीन!

गगन जो तेरे विशद अवसाद का आभास,
पूछता 'किसने दिया यह नीलिमा का न्यास'!

निठुर क्यों फैला दिया यह उलझनों का जाल,
आप अपने को जहाँ सब ढूँढ़ते बेहाल!

काल-सीमा-हीन सूने में रहस्यनिधान,
मूर्तिमत् कर वेदना तुमने गढ़े जो प्राण!

धूलि के कण में उन्हें बन्दी बना अभिराम,
पूछते हो अब अपरिचित से उन्हीं का नाम!

पूछता क्या दीप है आलोक का आवास?
सिन्धु को कब खोजने लहरें उड़ीं आकाश!

धड़कनों से पूछता है क्या हृदय पहिचान?
क्या कभी कलिका रही मकरन्द से अनजान?

क्या पता देते घनों को वारि-बिन्दु असार?
क्या नहीं दृग जानते निज आँसुओं का भार?

चाह की मृदु उँगलियों ने छू हृदय के तार;
जो तुम्हीं में छेड़ दी मैं हूँ वही झंकार!

नींद के नभ में तुम्हारे स्वप्न-पावस-काल,
आँकता जिसको वही मैं इन्द्रधनु हूँ बाल!

तृप्ति-प्याले में तुम्हीं ने साध का मधु घोल,
है जिसे छलका दिया मैं वही बिन्दु अमोल!

तोड़ कर वह मुकुर जिसमें रूप करता लास,
पूछता आधार क्या प्रतिबिम्ब का आवास?

उर्म्मियों में झूलता राकेश का आभास,
दूर होकर क्या नहीं है इन्दु के ही पास?

इन हमारे आँसुओं में बरसते सविलास-
जानते हो क्या नहीं किसके तरल उच्छ्वास?

इस हमारी खोज में इस वेदना में मौन,
जानते हो खोजता है पूर्ति अपनी कौन?

यह हमारे अन्त उपक्रम यह पराजय जीत,
क्या नहीं रचता तुम्हारी साँस का संगीत?

पूछते फिर किसलिए मेरा पता बेपीर!
हृदय की धड़कन मिली है क्या हृदय को चीर?

मेरा जीवन

स्वर्ग का था नीरव उच्छ्वास
देव-वीणा का टूटा तार,
मृत्यु का क्षणभंगुर उपहार
रत्न वह प्राणों का शृंगार;
नयी आशाओं का उपवन
मधुर वह था मेरा जीवन!

क्षीरनिधि की थी सुप्त तरंग
सरलता का न्यारा निर्झर,
हमारा वह सोने का स्वप्न
प्रेम की चमकीली आकर,
शुभ्र जो था निर्मेघ गगन
सुभग मेरा संगी जीवन!

अलक्षित आ किसने चुपचाप
सुना अपनी सम्मोहन तान,
दिखा कर माया का साम्राज्य
बना डाला इसको अज्ञान?
मोह मदिरा का आस्वादन
किया क्यों हे भोले जीवन!

न रहता भौरों का आह्वान
नहीं रहता फूलों का राज्य,
कोकिला होती अन्तर्धान
चला जाता प्यारा ऋतुराज;
असम्भव है चिर सम्मेलन
न भूलो क्षणभंगुर जीवन!

तुम्हें ठुकरा जाता नैराश्य
हँसा जाती है तुमको आस,
नचाता मायावी संसार
लुभा जाता सपनों का हास;
मानते विष को संजीवन
मुग्ध मेरे भूले जीवन!

विकसते मुरझाने को फूल
उदय होता छिपने को चन्द,
शून्य होने को भरते मेघ
दीप जलता होने को मन्द;
यहाँ किसका अनन्त यौवन?
अरे अस्थिर छोटे जीवन!

छलकती जाती है दिन रैन
लबालब तेरी प्याली मीत,
ज्योति होती जाती है क्षीण
मौन होता जाता संगीत;
करो नयनों का उन्मीलन
क्षणिक हे मतवाले जीवन!

शून्य से बन जाओ गम्भीर
त्याग की हो जाओ झंकार,
इसी छोटे प्याले में आज
डुबा डालो सारा संसार;
लजा जाएँ यह मुग्ध सुमन
बनो ऐसे छोटे जीवन!

सखे! यह माया का देश
क्षणिक है मेरा तेरा संग,
यहाँ मिलता काँटों में बन्धु!
सजीला सा फूलों का रंग!
तुम्हें करना विच्छेद सहन
न भूलो हे प्यारे जीवन!

मृत्यु से

प्राणों के अन्तिम पाहुन!
चाँदनी-धुला, अंजन सा, विद्युत् मुस्कान बिछाता,
सुरभित समीर-पंखों से उड़ जो नभ में घिर आता,
वह वारिद तुम आना बन!

ज्यों श्रांत पथिक पर रजनी छाया सी आ मुस्काती,
भारी पलकों में धीरे निद्रा मधु ढुलकाती,
त्यों करना बेसुध जीवन!

अज्ञातलोक से छिप छिप ज्यों उतर रश्मियाँ आतीं;
मधु पीकर प्यास बुझाने फूलों के उर खुलवातीं,
छिप आना तुम छायातन!

हिम से जड़ नीला अपना निस्पन्द हृदय ले आना,
मेरा जीवन-दीपक धर उसको सस्पन्द बनाना,
हिम होने देना यह तन!

कितनी करुणाओं का मधु कितनी सुषमा की लाली,
पुतली में छान भरी है मैंने जीवन की प्याली,
पी कर लेना शीतल मन!

कितने युग बीत गए इन निधियों का करते संचय,
तुम थोड़े से आँसू दे इन सब को कर लेना क्रय,
अब हो व्यापार-विसर्जन!

है अंतहीन लय यह जग पल पल है मधुमय कंपन,
तुम इसकी स्वरलहरी में धोना अपने श्रम के कण,
मधु से भरना सूनापन!

पाहुन से आते जाते कितने सुख के दुख के दल,
ये जीवन के क्षण क्षण में भरने असीम कोलाहल,
तुम बन आना नीरव क्षण!

तेरी छाया में दिव को हँसता है गर्वीला जग,
तू एक अतिथि जिसका पथ हैं देख रहे अगणित दृग,
साँसों में घड़ियाँ गिन गिन!

दुःख

रजतरश्मियों की छाया में धूमिल घन सा वह आता;
इस निदाघ से मानस में करुणा के स्त्रोत बहा जाता!

उसमें मर्म छिपा जीवन का,
एक तार अगणित कम्पन का,
एक सूत्र सब के बन्धन का,
संसृति के सूने पृष्ठों में करुणकाव्य वह लिख जाता!

वह उर में आता बन पाहुन,
कहता मन से, 'अब न कृपण बन,'
मानस की निधियाँ लेता गिन,
दृग-द्वारों को खोल विश्व-भिक्षुक पर, हँस बरसा आता!

यह जग है विस्मय से निर्मित,
मूक पथिक आते जाते नित,
नहीं प्राण प्राणों से परिचित,
यह उनका संकेत नहीं जिसके बिन विनिमय हो पाता!

मृगमरीचिका के चिर पथ पर,
सुख आता प्यासों के पग धर,
रुद्ध हृदय के पट लेता कर
गर्वित कहता 'मैं मधु हूँ मुझसे क्या पतझर का नाता'!

दुख के पद छू बहते झर झर,
कण कण से आँसू के निर्झर,
हो उठता जीवन मृदु उर्वर,
लघु मानस में वह असीम जग को आमन्त्रित कर लाता!

?

शून्यता में निद्रा की बन,
उमड़ आते ज्यों स्वप्निल घन,
पूर्णता कलिका की सुकुमार,
छलक मधु में होती साकार;

हुआ त्यों सूनेपन का भान,
प्रथम किसके उर में अम्लान?
और किस शिल्पी ने अनजान?
विश्व प्रतिमा कर दी निर्माण?

काल सीमा के संगम पर,
मोम सी पीड़ा उज्ज्वल कर,
उसे पहनायी अवगुण्ठन,
हास औ' रोदन से बुन बुन!

कनक से दिन मोती-सी रात,
सुनहली साँझ गुलाबी प्रात;
मिटाता रंगता बारम्बार,
कौन जग का यह चित्राधार?

शून्य नभ में तम का चुम्बन,
जला देता असंख्य उडुगण;
बुझा क्यों उनको जाती मूक,
भोर ही उजियाले की फूँक?

रजतप्याले में निद्रा ढाल,
बाँट देती जो रजनी बाल;
उसे कलियों में आँसू घोल,
चुकाना पड़ता किसको मोल?

पोंछती जब हौले से वात,
इधर निशि के आँसू अवदात,
उधर क्यों हँसता दिन का बाल,
अरुणिमा से रंजित कर गाल?

कली पर अलि का पहला गान
थिरकता जब बन मृदु मुस्कान,
विफल सपनों के हार पिघल
ढुलकते क्यों रहते प्रतिपल?

गुलालों से रवि का पथ लीप
जला पश्चिम में पहला दीप,
विहँसती संध्या भरी सुहाग
दृगों से झरता स्वर्ण-पराग;

उसे तम की बढ़ एक झकोर
उड़ा कर ले जाती किस ओर?
अथक सुषमा का सृजन-विनाश
यही क्या जग का श्वासोच्छ्वास?

किसी की व्यथा-सिक्त चितवन
जगाती कण कण में स्पन्दन,
गूँथ उनकी साँसों के गीत,
कौन रचता विराट संगीत?
प्रलय बन कर किसका अनुताप,
डुबा जाता उसको चुपचाप?

आदि में छिप आता अवसान
अन्त में बनता नव्य विधान,
सूत्र ही है क्या यह संसार
गूँथे जिसमें सुख-दुख जय-हार?

अतृप्ति

चिर तृप्ति कामनाओं का
कर जाती निष्फल जीवन,
बुझते ही प्यास हमारी
पल में विरक्ति जाती बन!

पूर्णता यही भरने की
ढुल कर देन. सूने घन;
सुख की चिर पूर्ति, यही है
उस मधु से फिर जावे मन!

चिर ध्येय यही जलने का
ठंडी विभूति बन जाना;
है पीड़ा की सीमा यह
दुख का चिर सुख हो जाना!

मेरे छोटे जीवन में
देना न तृप्ति का कण भर;
रहने दो प्यासी आँखें
भरतीं आँसू के सागर!

चिर मिलन-विरह-पुलिनों की
सरिता हो मेरा जीवन;
प्रतिपल होता रहता हो
युग कूलों का आलिंगन!

तुम रहो सजल आँखों की
सित-असित मुकुरता बन कर
मैं सब कुछ तुम से देखूँ
तुमको न देख पाऊँ पर!

इस अचल क्षितिज-रेखा से
तुम रहो निकट जीवन के;
पर तुम्हें पकड़ पाने के
सारे प्रयत्न हों फीके!

द्रुत पंखोंवाले मन को
तुम अंतहीन नभ होना;
युग उड़ जावें उड़ते ही
परिचित हो एक न कोना!

तुम अमर-प्रतीक्षा हो, मैं
पग विरह-पथिक का धीमा;
आते जाते मिट जाऊँ
पाऊँ न पंथ की सीमा!

तुम मानस में बस जाओ
छिप दुख की अवगुण्ठन से;
मैं तुम्हें ढूँढ़ने के मिस!
परिचित हो लूँ कण कण से!

तुम हो प्रभात की चितवन
मैं विधुर निशा बन आऊँ;
काटूँ वियोग-पल रोते
संयोग-समय छिप जाऊँ!

आवे बन मधुर मिलन-क्षण
पीड़ा की मधुर कसक सा;
हँस उठे विरह ओठों में
प्राणों में एक पुलक सा!

पाने में तुमको खोऊँ
खोने में समझूँ पाना;
यह चिर अतृप्ति हो जीवन
चिर तृष्णा हो मिट जाना!

गूँथें विषाद के मोती
चाँदी सी स्मित के डोरें;
हों मेरे लक्ष्य-क्षितिज की
आलोक-तिमिर दो छोरें!

सुधि

किस सुधि-वसन्त का सुमन-तीर,
कर गया मुग्ध मानस अधीर?

वेदना-गगन से रजतओस,
चू चू भरती मन-कंज-कोष

अलि सी मँडराती विरह-पीर!
मंजरित नवल मृदु देह-डाल,

खिल-खिल उठना नव पुलक-जाल,
मधु-कन सा छलका नयन-नीर!

अधरों से झरता स्मित पराग,
प्राणों में गूँजा नेह-राग,

सुख का बहता मलयज समीर!
घुल घुल जाता यह हिम्-दुराव,

गा गा उठते चिर मूक भाव,
अलि सिहर सिहर उठता शरीर!

आज तार मिला

आज तार मिला चुकी हूँ!

सुमन में संकेत-लिपि,
चँचल विहग स्वर-ग्राम जिसके,
वात उठता, किरण के
निर्झर झुके, लय-भार जिसके,
वह अनामा रागिनी अब साँस में ठहरा चुकी हूँ!

सिन्धु चलता मेघ पर,
रुकता तड़ित का कंठ गीला,
कंटकित सुख से धरा,
जिसकी व्यथा से व्योम नीला,
एक स्वर में विश्व की दोहरी कथा कहला चुकी हूँ!

एक ही उर में पले
पथ एक से दोनों चले हैं;
पलक पुलिनों पर, अधर-
उपकूल पर दोनों खिले हैं,
एक ही झंकार में युग अश्रु-हास घुला चुकी हूँ!

रंग-रस संसृति समेटे,
रात लौटी, प्रात लौटे;
लौटते युग कल्प पल,
पतझार औ' मधुमास लौटे;
राग में अपने कहो किसको न पार बुला चुकी हूँ!

निष्करुण जो हँस रहे थे
तारकों में दूर ऐंठे
स्वप्न-नभ के आज
पानी हो तृणों के साथ बैठे,
पर न मैं अब तक व्यथा का छंद अन्तिम गा चुकी हूँ।

तरल मोती से

तरल मोती से नयन भरे!

मानस से ले, उठे स्नेह-घन,
कसक-विद्यु पुलकों के हिमकण,
सुधि-स्वामी की छाँह पलक की सीपी में उतरे!

सित दृग हुए क्षीर लहरी से,
तारे मरकत-नील-तरी से,
सूखे पुलिनों सी वरुणी से फेनिल फूल झरे!

पारद से अनबींधे मोती,
साँस इन्हें बिन तार पिरोती,
जग के चिर शृंगार हुए, जब रजकण में बिखरे!

क्षार हुए, दुख में मधु भरने,
तपे, प्यास का आतप हरने;
इनसे धुल कर धूल भरे सपने उजले निखरे!

तू धूल-भरा ही

तू धूल-भरा ही आया!

ओ चंचल जीवन-बाल! मृत्यु जननी ने अंक लगाया!

साधों ने पथ के कण मदिरा से सींचे,
झंझा आँधी ने फिर-फिर आ दृग मींचे,
आलोक तिमिर ने क्षण का कुहक बिछाया!

अंगार-खिलौनों का था मन अनुरागी,
पर रोमों में हिम-जड़ित अवशता जागी,
शत-शत प्यासों की चली लुभाती छाया!

गाढ़े विषाद ने अंग कर दिये पंकिल,
बिंध गये पगों में सूल व्यथा के दुर्मिल,
कर क्षार साँस ने उर का स्वर्ण उड़ाया!

पाथेय-हीन जब छोड़ गये सब सपने
आख्यानशेष रह गये अंक ही अपने,
तब उस अंचल ने दे संकेत बुलाया!

जिस दिन लौटा तू चकित थकित-सा उन्मन,
करुणा से उसके भर-भर आये लोचन,
चितवन छाया में दृग-जल से नहलाया!

पलकों पर धर-धर अगणित शीतल चुम्बन,
अपनी साँसों से पोंछ वेदना के क्षण,
हिम-स्निग्ध करों से बेसुध प्राण सुलाया!

नूतन प्रभात में अक्षय गति का वर दे,
तन सजल-घटा-सा तड़ित-छटा-सा उर दे,
हँस तुझे खेलने फिर जग में पहुँचाया!

तू धूल भरा जब आया,
ओ चँचल जीवन-बाल मृत्यु-जननी ने अंक लगाया!

अलि कहाँ सन्देश

अलि कहाँ सन्देश भेजूँ?
मैं किसे सन्देश भेजूँ?
एक सुधि अनजान उनकी,
दूसरी पहचान मन की,
पुलक का उपहार दूँ या अश्रु-भार अशेष भेजूँ!
चरण चिर पथ के विधाता
उर अथक गति नाम पाता,
अमर अपनी खोज का अब पूछने क्या शेष भेजूँ?
नयन-पथ से स्वप्न में मिल,
प्यास में घुल साध में खिल,
प्रिय मुझी में खो गया अब दूत को किस देश भेजूँ?
जो गया छवि-रूप का घन,
उड़ गया घनसार-कण बन,
उस मिलन के देश में अब प्राण को किस वेश भेजूँ?
उड़ रहे यह पृष्ठ पल के,
अंक मिटते श्वास चल के,
किस तरह लिख सजल करुणा की कथा सविशेष भेजूँ!

कोई यह आँसू...

कोई यह आँसू आज माँग ले जाता!

तापों से खारे जो विषाद से श्यामल,
अपनी चितवन में छान इन्हें कर मधु-जल,
फिर इनसे रचकर एक घटा करुणा की
कोई यह जलता व्योम आज छा आता!

वर क्षार-शेष की माँग रही जो ज्वाला,
जिसको छूकर हम स्वप्न बन चला छाला,
निज स्नेह-सिक्त जीवन-बाती से कोई,
दीपक कर इसको उर-उर में पहुँचाता!

तम-कारा-बन्दी सान्ध्य रँगों-सी चितवन;
पाषाण चुराये हैं लहरों से स्पन्दन,
ये निर्मम बन्धन खोल तड़ित से कर से,
चिर रँग रूपों से फिर यह शून्य बसाता!

सिकता से तुलसी साध क्षार से उर-धन,
पारस-साँसें बेमोल ले चला हर क्षण,
प्राणों के विनिमय से इनको ले कोई,
दिव का किरीट भू का श्रृंगार बनाता!

प्राणों ने कहा कब

प्राणों ने कहा कब दूर,
पग ने कब गिने थे शूल?

मुझको ले चला जब भ्रान्त,
वह निःश्वास ही का ज्वार,
मैंने हँस प्रलय से बाँध
तरिणी छोड़ दी मँझधार!
तुमसे पर न पूछा लौट,
अब होगा मिलन किस कूल?

शतधा उफन पारावार,
लेता जब दिशाएँ लील,
लाता खींच झंझावात,
तम के शैल कज्जल-नील,
तब संकेत अक्षरहीन,
पढ़ने में हुई कब भूल?

मेरे सार्थवाही स्वप्न
अँचल में व्यथा भरपूर,
आँखें मोतियों का देश
साँसें बिजलियों का चूर!
तुमसे ज्वाल में हो एक
मैंने भेंट ली यह धूल!

मेरे हर लहर में अंक
हर कण में पुलक के याम,
पल जो भेजते हो रिक्त
मधु भर बाँटती अविराम!
मेरी पर रही कब साध
जग होता तनिक अनुकूल?

भू की रागिनी में गूँज,
गर्जन में गगन को नाप,
क्षण में वार क्षण में पार
जाती जब चरण की चाप,
देती अश्रु का मैं अर्घ्य
धर चिनगारियों के फूल!

पहचान

किसी नक्षत्रलोक से टूट
विश्व के शतदल पर अज्ञात,
ढुलक जो पड़ी ओस की बूँद
तरल मोती सा ले मृदु गात,

नाम से जीवन से अनजान,
कहो क्या परिचय दे नादान!

किसी निर्मम कर का आघात
छेड़ता जब वीणा के तार,
अनिल के चल पँखों के साथ
दूर जो उड़ जाती झँकार,

जन्म ही उसे विरह की रात,
सुनावे क्या वह मिलन-प्रभात!

चाह शैशव सा परिचयहीन
पलक-दोलों में पलभर झूल,
कपोलों पर जो ढुल चुपचाप
गया कुम्हला आँखों का फूल,

एक ही आदि अन्त की साँस—
कहे वह क्या पिछला इतिहास!

मूक हो जाता वारिद-घोष
जगा कर जब सारा संसार,
गूँजती, टकराती असहाय
धरा से जो प्रतिध्वनि सुकुमार,

देश का जिसे न निज का भान,
बतावे क्या अपनी पहिचान!

सिन्धु को क्या परिचय दें देव
बिगड़ते बनते वीचि-विलास?
क्षुद्र हैं मेरे बुद्‌बुद्-प्राण
तुम्हीं में सृष्टि तुम्हीं में नाश!

मुझे क्यों देते हो अभिराम!
थाह पाने का दुस्तर काम!

जन्म ही जिसको हुआ वियोग
तुम्हारा ही तो हूँ उच्छ्‌वास;
चुरा लाया जो विश्व-समीर
वही पीड़ा की पहली साँस!

छोड़ क्यों देते बारम्बार,
मुझे तम से करने अभिसार?

छिपा है जननी का अस्तित्व
रुदन में शिशु के अर्थविहीन;
मिलेगा चित्रकार का ज्ञान;
चित्र की ही जड़ता में लीन;

दृगों में छिपा अश्रु का हार,
सुभग है तेरा ही उपहार!

पूछो न प्रात की बात

पूछो न प्रात की बात आज
आँधी की राह चलो!
जाते रवि ने फिर देखा क्या भर चितवन में?
मुख-छबि बिम्बित हुई कणों के हर दर्पण में!
दिन बनने के लिए तिमिर को
भर कर अंक जलो!
ताप बिना खण्डों का मिल पाना अनहोना,
बिना अग्नि के जुड़ा न लोहा-माटी-सोना!
ले टूटे संकल्प-स्वप्न-उर
ज्वाल में पिघलो!
तुमने लेकर तिमिर-भार क्या अपने काँधे?
तट पर बाँधी तरी, चरण तरिणी से बाँधे!
कड़ियाँ शत शत गलें स्वयं
अंगारों पर बिछलो!
रोम रोम में वासन्ती तरुणाई झाँकी,
तुमने देखी नहीं मरण की वह छबि बाँकी!
तिमिर-पर्व में गलो अजर नूतन में
आज ढलो!
आज आँधी के साथ चलो!

सब आँखों के आँसू...

सब आँखों के आँसू उजले सबके सपनों में सत्य पला!
जिसने उसको ज्वाला सौंपी
उसने इसमें मकरन्द भरा,
आलोक लुटाता वह घुल-घुल
देता झर यह सौरभ बिखरा!
दोनों संगी पथ एक किन्तु कब दीप खिला कब फूल जला?

वह अचल धरा को भेंट रहा
शत-शत निर्झर में हो चंचल,
चिर परिधि बना भू को घेरे
इसका नित उर्म्मिल करुणा-जल!
कब सागर उर पाषाण हुआ, कब गिरि ने निर्मम तन बदला?

नभ-तारक-सा खंडित पुलकित
यह सुर-धारा को चूम रहा,
वह अंगारों का मधु-रस पी
केशर-किरणों-सा झूम रहा!
अनमोल बना रहने को कब टूटा कंचन हीरक पिघला!

नीलम मरकत के सम्पुट दो
जिनमें बनता जीवन-मोती,
इसमें ढलते सब रंग-रूप
उसकी आभा स्पन्दन होती!
जो नभ में विद्युत मेघ बना वह रज में अंकुर हो निकला!

संसृति के प्रति पग में मेरी
साँसों का नव अंकन चुन लो,
मेरे बनने-मिटने में नित
अपनी साधों के क्षण गिन लो!
जलते खिलते बढ़ते जग में घुलमिल एकाकी प्राण चला!
सपने सपने में सत्य ढला!

घिरती रहे रात

घिरती रहे रात!
न पथ रूँधतीं ये
गगन तम शिलाएँ,
न गति रोक पातीं,
पिघल मिल दिशाएँ
चली मुक्त मैं ज्यों मलय की मधुर वात!
घिरती रहे रात!
न आँसू गिने औ,
न काँटे सँजोये,
न पगचाप दिग्भ्रान्त;
उच्छ्वास खोये,
मुझे भेंटता हर पलक-पात में प्रात!
घिरती रहे रात!
नयन ज्योति वह
यह हृदय का सवेरा,
अतल सत्य प्रिय का,
लहर स्वप्न मेरा,
कही चिर विरह ने मिलन की नई बात!
घिरती रहे रात!

स्वजन, स्वर्ण कैसा
न जो ज्वाल-धोया?
हँसा कब तड़ित् में
न जो मेघ रोया?
लिया साध ने तोल अंगार-संघात!
घिरती रहे रात!

जले दीप को
फूल का प्राण दे दो,
शिखा लय-भरी,
साँस को दान दे दो,
खिले अग्नि-पथ में सजल मुक्ति-जलजात!
घिरती रहे रात!

टकरायेगा नहीं

टकरायेगा नहीं आज उद्धत लहरों से,
कौन ज्वार फिर तुझे पार तक पहुँचायेगा?
अब तक धरती अचल रही पैरों के नीचे,
फूलों की दे ओट सुरभि के घेरे खींचे,
पर पहुँचेगा पथी दूसरे तट पर उस दिन
जब चरणों के नीचे सागर लहरायेगा!
गर्त शिखर बन, उठे लिए भँवरों का मेला,
हुए पिघल ज्योतिष्क तिमिर की निश्चल वेला,
तू मोती के द्वीप स्वप्न में रहा खोजता,
तब तो बहता समय शिला सा जम जायेगा।
तेरी लौ से दीप्त देव-प्रतिमा की आँखें,
किरणें बनी पुजारी के हित वर की पाँखें
वज्र-शिला पर गढ़ी ध्वंस की रेखायें क्या
यह अंगारक हास नहीं पिघला पायेगा?
धूल पोंछ काँटे मत गिन छाले मत सहला
मत ठंडे संकल्प आँसुओं से तू नहला!
तुझसे हो यदि अग्नि-स्नात यह प्रलय महोत्सव
तभी मरण का स्वस्ति-गान जीवन गायेगा।
टकरायेगा नहीं आज उन्मद लहरों से
कौन ज्वार फिर तुझे दिवस तक पहुँचायेगा?

पद-चिह्न

तिमिर में वे पद-चिह्न मिले!

युग-युग का पन्थी आकुल मन,
बाँध रहा पथ के रजकण चुन;
श्वासों में रुँधे दुख के पल
बन बन दीप चले!

अलसित तन में, विद्युत-सी भर,
वर बनते मेरे श्रम-सीकर,
एक एक आँसू में शत शत
शतदल-स्वप्न खिले!

सजनि प्रिय के पद-चिह्न मिले!

□□□